Maria Theresia Bitterli & Dawio Bordoli

L'UOMO NUOVO

ZEN-SATSANG di gruppo con ISHVARA

Terzo volume

Prima edizione 2022

© IshvarAshram

www.ishvarAshram.ch

Prodotto e pubblicato da:

BoD – Books on Demand, Norderstedt

ISBN: 9783756243495

Ringraziamo di cuore tutti i partecipanti per il loro prezioso contributo che ha permesso la realizzazione di questo illuminante libro.

Sommario

Come vivere in pace in un mondo pieno di conflitti?

Risposta dei partecipanti:

- Non bisognerebbe prendere le cose sul personale;

- Non dobbiamo per forza avere qualche vantaggio, una vincita o avere ragione, è inutile pensare che tutti debbano pensare come noi o fare quello che vogliamo noi;

- Bisognerebbe avere uno spazio personale dove possiamo creare le nostre regole;

- Si possono trovare degli accordi ma funzionerebbe per poco tempo;

- Si potrebbe cercare una guida o dell'aiuto per elaborare i nostri traumi che agiscono a livello inconscio.

Come vivere in pace in un mondo pieno di conflitti?

Ishvara*: Avendo costanza e determinazione sul proprio cammino spirituale.

Che cosa ci devia dal nostro cammino spirituale?

Ishvara: La mondanità.

Come integrare la mondanità senza perdere di vista il proprio cammino spirituale?

Ishvara: Stabilendo delle priorità.

Come capire quali sono le priorità?

Ishvara: Mettendo al primo posto la ricerca spirituale.

Anche se la nostra priorità potrebbe essere la sopravvivenza?

Ishvara: Mettete al primo posto la spiritualità e il resto vi sarà dato in più.

Che cosa intendi per spiritualità visto che ognuno la vive in modo diverso?

Ishvara: Conoscere sé stessi attraverso la meditazione.

E per chi non conosce la via della meditazione?
Ishvara: Per meditazione intendo essere consapevoli di ciò che accade dentro e fuori di voi.

Ed essere consapevoli dei nostri conflitti interiori?
Ishvara: Soprattutto i conflitti sono fonte di grandi problemi che vanno risolti.

È possibile vivere senza conflitti?
Ishvara: No, perché i conflitti sono occasioni di crescita evolutiva.

Senza conflitti non ci sarebbe crescita evolutiva?
Ishvara: Senza conflitti non c'è separazione ma unione.

Anche tu, Ishvara, vivi i conflitti?

Ishvara: Certamente, attraverso di voi.

Che cosa stai imparando in questo attuale momento storico attraverso di noi?

Ishvara: Ad amare.

Come fai ad amarci se siamo pieni di conflitti?

Ishvara: Io sono amore assoluto e indivisibile.

Che cosa si ottiene rimanendo passivi?

Ishvara: Passività come ricettività, ovvero, è la capacità di accogliere.

Accogliere cosa?

Ishvara: L'altro, il diverso.

Che cosa succede dopo che si accoglie?

Ishvara: Nasce la fusione nell'amore.

L'energia maschile, che è attiva, come si rapporta all'energia passiva femminile?

Ishvara: In verità, entrambi i partner hanno ruoli attivi e passivi a dipendenza della situazione.

Sono entrambi complementari e integrativi?

Ishvara: Sì, a volte prevale una e a volte l'altra energia.

In una comunità spirituale nella quale fanno parte solo uomini o solo donne non manca l'energia opposta per trovare più equilibrio ed evolvere?

Ishvara: Non confondete l'energia che rappresentano con gli organi sessuali.

Come possiamo far fronte a eventuali decisioni autoritarie che precluderanno le nostre libertà?

Ishvara: Gli Esseri di luce stanno collaborando affinché tutto ciò non accada.

E gli Esseri di luce con gestiscono le forze oscure? Hanno il permesso di interferire? In fin dei conti è l'uomo che ha creato questo disastro ed è pieno di forze oscure.

Ishvara: Tutto dipenderà dal piano divino e dal karma individuale.

In ultima analisi, la luce prevarrà sempre sull'oscurità?

Ishvara: Certo, poiché senza luce non può esserci oscurità.

Rilasciare il passato attraverso dei rituali può essere utile per imparare a gestire i conflitti?

Ishvara: Sì, i rituali sono la medicina dell'anima.

Che rituale ci consiglieresti tu Ishvara?

Ishvara: La gratitudine.

Come liberarci dalle cose che ci fanno arrabbiare?

Ishvara: Siate sempre più consapevoli quando si presenterà la rabbia e questo basterà per liberarvene.

È possibile scegliere sempre la via dell'amore nel conflitto?

Ishvara: È bene provarci ogni volta che è possibile.

Come gestire le emozioni forti senza esserne coinvolti?

Ishvara: Con sempre maggiore consapevolezza e ciò basterà per liberarvene.

Se siamo in pace dentro di noi, può succedere qualsiasi cosa fuori, ma non ci tocca, è corretto?

Ishvara: Sì, poiché la pace interiore vi aiuta a rimanere centrati.

Come trovare la pace interiore?

Ishvara: Con la meditazione imparerete ad amare e nell'amore fiorisce la pace.

Quando ci troviamo in una situazione di conflitto bisognerebbe iniziare ad affrontarla con amore, altrimenti con la compassione, e semmai allontanandoci. Queste tre possibilità sono sufficienti per gestire il conflitto?

Ishvara: Sì, prima di tutto, fate uno stop, e osservatevi attentamente.

Come accettare ciò che non si può cambiare senza arrabbiarci?

Ishvara: Se non riuscite a rilassarvi, allora ripetete un mantra.

Un esercizio che potrebbe essere d'aiuto quando siamo arrabbiati potrebbe essere questo: vai davanti allo specchio, guardati e ripeti: "io voglio amare". Potrebbe funzionare ad aiutarci a diventare più amorevoli?

Ishvara: Sì, se la situazione ve lo permetterà.

Che cosa potrebbe essere di ostacolo?

Ishvara: Non avete sempre a diposizione uno specchio.

Allora lo si potrebbe sostituire con una visualizzazione interiore?

Ishvara: Sì, o più semplicemente siate consapevoli di ciò che si rispecchia nella vostra coscienza.

È corretto che tutti siamo lo specchio l'uno dell'altro e ciò che viene proiettato fuori ci fa capire a che punto ci troviamo evolutivamente e quanto ci amiamo?

Ishvara: Sì, poiché ogni proiezione è vostra e vi rappresenta.

Osservando le nostre proiezioni possiamo capire che cosa dovremmo ancora lasciare indietro e correggere di noi stessi?

Ishvara: Semplicemente osservate e lasciate andare senza voler correggere nulla.

E se non riusciamo a lasciar andare, come comportarci?

Ishvara: Dal momento di cui ne siete consapevoli, si dissolve spontaneamente.

Dovremmo creare tante comunità autogestite per diventare più forti nel gestire i conflitti nel mondo?
Ishvara: Sì, diventeranno luoghi di crescita personale e spirituale.

Ripetere un mantra potrebbe essere un ottimo strumento per diventare più calmi e poter gestire un conflitto in modo più intelligente?
Ishvara: Non sottovalutate mai l'infinito potere del mantra.

C'è qualcosa che dovremmo ancora sapere al riguardo dei nostri conflitti e per portare pace nel mondo?
Ishvara: Continuate a coltivare assiduamente la pace dentro di voi e questa fiorirà anche fuori di voi.

L'unione di anime evolute sarà la vostra forza.

Verità come realtà

La realtà è ciò che è oggettivo?

Ishvara: Vanno trascesi soggetto e oggetto.

La realtà si fonda sulla consapevolezza?

Ishvara: La realtà è sempre soggettiva, la pura consapevolezza è al di là di soggetto e oggetto, quindi, è impersonale.

Se la realtà è soggettiva che cos'è oggettivo?

Ishvara: Ciò che è testimoniato.

Quando possiamo vivere la verità come realtà?

Ishvara: Quando sarete liberi dall'identificazione con il corpo-mente.

Possiamo vivere l'Assoluto come manifestazione?

Ishvara: Stessa risposta, ovvero, quando sarete liberi dall'identificazione con il corpo-mente.

Un concetto, un'idea di verità possono essere esperienziali e quindi reali?
Ishvara: Ogni esperienza nasce dall'identificazione con il corpo-mente.

Quindi, se non c'è identificazione non c'è esperienza?
Ishvara: Il silenzio della mente è impersonale e quindi libero da ogni esperienza.

Se non c'è esperienza che cosa c'è?
Ishvara: C'è il fatto, senza la descrizione della mente, il pensiero tace.

Il fatto è, in questo caso, il nulla, il vuoto?
Ishvara: Sì, è un testimoniare senza pensieri.

E la mente in che stato si trova?

Ishvara: La mente è straordinariamente vigile e attiva ma senza pensieri.

Sembra inimmaginabile avere una mente senza pensieri. Per mente vigile che cosa intenti?

Ishvara: Osservare i pensieri senza lasciarvi coinvolgere.

Tutto ciò che si può dire della verità non è verità, è corretto?

Ishvara: Sì, poiché tutto ciò che è mentale non può corrispondere alla verità.

Ognuno ha la propria realtà e verità?

Ishvara: Chi pensa così è confuso dai concetti.

Essere concettuali significa non avere le idee chiare e avere una mente confusa?

Ishvara: No, se si è consapevoli dei limiti del pensiero.

La teoria delle idee di Platone è connessa a una mente confusa e limitata?

Ishvara: Voi siete ciò che precede ogni teoria, questa è la cosa più importante da realizzare.

Una mente non pensante può essere considerata ottusa?

Ishvara: Solo se è inconsapevole del proprio stato.

Il concetto di visione del mondo culturale o Weltanschauung limita da una parte le nostre menti ma se accogliamo tutte le varianti, questo ci può aiutare ad aprire la mente e magari a trascenderla?

Ishvara: Vi porterà ancora più confusione. Dovete essere consapevoli dei limiti della mente per poterli trascendere.

Capire e accettare che non possiamo sapere tutto?
Ishvara: Qualsiasi conoscenza, per ampia e profonda che sia, sarà sempre limitata.

Questa confusione mentale nella quale ci troviamo è la causa dei conflitti e delle guerre?
Ishvara: Sì, l'ignoranza crea conflitti.

Che cosa ignoriamo?
Ishvara: Di essere uniti nell'amore fraterno.

Conoscere ed essere più consapevoli delle altre visioni del mondo toglierebbe un po' d'ignoranza?

Ishvara: Prima preoccupatevi di conoscere voi stessi e poi conoscerete anche gli altri.

Che cosa non conosciamo di noi stessi?
Ishvara: Di essere uguali agli altri.

Esiste una verità unica?
Ishvara: La verità può solo essere una e indivisibile, altrimenti non è verità.

Che cosa è verità e che cosa non è reale in internet?
Ishvara: Tutti i sentito dire non sono verità.

Si potrebbe anche dire che ciò che dici tu è un sentito dire e quindi non può essere la verità?
Ishvara: Fintanto che non lo siete, sarà così.

Intendi dire che, se non siamo ciò che leggiamo o sentiamo, il che vuol dire fare l'esperienza diretta, ci accontenteremo del sentito dire, in altro modo, non ci sazieremo solo leggendo la carta del menù?

Ishvara: Solo allora non avrete più dubbi.

Questo significa anche che, coloro che vengono a casa nostra e vedono i miracoli, dovrebbero fare l'esperienza diretta per poter essere certi di quello che accade, altrimenti non sapranno mai se esistono veramente?

Ishvara: Il fatto trascende sia il credere che il non credere.

Qualsiasi fatto corrisponde alla verità?

Ishvara: La verità è il non-forma, tutto il resto è illusione.

Sembra che ci sia un po' di confusione riguardo il termine fatto. Sono proprio gli scienziati a parlare spesso e volentieri di fatti. Quando una cosa viene documentata e provata dagli scienziati allora ciò viene ritenuto un fatto, cioè la verità. Invece ci sono esperienze e fatti che vanno oltre le nostre conoscenze scientifiche. Ci potresti illuminare?

Ishvara: Il fatto non è la descrizione del fatto stesso.

Si può vivere la realtà come esperienza dell'Assoluto?

Ishvara: Nell'illimitata coscienza universale e impersonale trovate la risposta.

I diversi concetti hanno in comune di essere solo idee, pensieri e non fatti?

Ishvara: Liberatevi dal processo di concettualizzazione e sarete dei liberati in vita.

Bisogna distinguere i concetti come verità da una verità basata sul buonsenso?

Ishvara: Il buonsenso si basa, per colui che è liberato, sui fatti del momento e non sulle paure per il futuro.

C'è anche l'aspetto intuitivo. Che cos'è l'intuizione?

Ishvara: Passare dall'intelletto alla trascendenza.

Come possiamo collegare l'intuizione alla verità?

Ishvara: La libertà dal pensiero apre le porte dell'intuizione e della percezione.

Quindi è giusto fidarsi della propria intuizione?

Ishvara: Il problema nasce dall'offuscamento della mente.

E come capire che siamo nell'offuscamento della mente e non nell'intuizione?

Ishvara: Quando siete indentificati nei pensieri.

C'è una gerarchia dei concetti: realtà, interpretazione della realtà e verità?

Ishvara: La mente crea la gerarchia, la verità la trascende.

Un concetto, come ad esempio essere positivi o negativi, non è vedere il bicchiere mezzo pieno o mezzo vuoto, ma piuttosto vedere anche la possibilità di riempire un bicchiere vuoto o viceversa. Che cosa ci puoi dire a tale riguardo?

Ishvara: Entrambi i concetti sono interdipendenti e si autosostengono, una mente libera li trascende.

Quando si è veramente positivi?

Ishvara: Quando la mente è in pace e silenziosa.

Quando la mente è silenziosa e libera da concetti e sentiamo dentro di noi moltissimo movimento energetico, come se ci fosse un fuoco che arde e ci trasforma, come ci consigli di atteggiarci?

Ishvara: Rimanete nell'osservazione silenziosa, senza farvi distrarre dai movimenti del corpo-mente.

Comunque, i movimenti del corpo-mente vanno accolti e accettati, non repressi o ignorati?

Ishvara: Semplicemente testimoniati con profondo e attento distacco.

Il livello evolutivo condiziona la realtà?

Ishvara: Non sono separati.

Esseri spiritualmente evoluti hanno maggiore influenza nel cambiare la realtà?

Ishvara: Più siete evoluti e meno avrete bisogno di cambiare la realtà.

Più si è evoluti e più si influenza la realtà?

Ishvara: La influenzerete riconoscendone l'illusorietà.

Non è forse vero che, anche se le anime evolute riconoscono che il cambiamento è parte dell'illusione, ciò non toglie che le persone, stando vicino a loro, verranno influenzate positivamente?

Ishvara: L'emanazione di pace e beatitudine vibratoria sarà percepita anche dai presenti.

Degli esseri altamente evoluti potrebbero portare pace e beatitudine all'intero pianeta Terra?

Ishvara: Sì, la compagnia di anime evolute vi aiuterà a evolvere a vostra volta.

Un essere altamente evoluto porta con sé pace e guarigione per sé stesso e per tutto ciò che lo circonda senza dover fare nulla, semplicemente accade in modo spontaneo e naturale?
Ishvara: Sì, poiché è libero da ogni forma di ego.

Vivere il più possibile la sincerità, ci aiuta ad avvicinarci maggiormente alla verità?
Ishvara: Sì, ma dovete essere innanzitutto sinceri con voi stessi.

Perché non riusciamo a essere sempre completamente sinceri con noi stessi?
Ishvara: Perché v'identificate con l'ego.

Bisognerebbe prima distinguere il falso dal vero?

Ishvara: Riconoscere il falso come falso apre le porte della verità.

Come possiamo riconoscere il falso?

Ishvara: Attraverso la consapevolezza di voi stessi e dei meccanismi della mente.

Qual è la differenza tra realtà e verità?

Ishvara: Trascendete ogni concetto al riguardo di entrambi e sarete dei liberati in vita.

Ci daresti un Darshan nel silenzio della nostra mente?

Ishvara: Rimanete sette minuti in silenziosa pace e immobilità.

Ishvara: Imparate a essere centrati, distaccati e nulla più vi turberà.

Tutti coloro che stanno leggendo in questo momento ricevono un Darshan da te?

Ishvara: Certo, poiché il Darshan è un tuffo nelle acque profonde della verità dove l'io si dissolve.

Come gestire i propri demoni

Che cos'è un demone?

Ishvara: È un pensiero negativo che si trasforma in entità oscura che vi perseguita.

Sono le nostre paure, attaccamenti?

Ishvara: Sì, tutto ciò che vi crea sensazioni e pensieri negativi.

Il Covid potrebbe essere un demone collettivo?

Ishvara: Si può vedere anche così, sicuramente una condensazione di paure arcaiche.

Ci sono delle persone che hanno vissuto delle esperienze nelle quali hanno visto entrare in loro un demone o diavolo quando hanno avuto il Covid. Che cosa puoi dire a queste persone?

Ishvara: Liberatevi dalle paure e ritornerete in pace.

E, analogamente, che senso ha la guerra in Ucraina e quali ne sono le cause?

Ishvara: Anche in questo caso è un insieme di paure irrisolte.

Quali paure non abbiamo ancora risolto?

Ishvara: Risolvete la paura della morte e avrete dissolto tutte le altre.

Esistono delle possessioni vere e proprie di demoni come si vedono durante un esorcismo?

Ishvara: Sì, assumono diversi aspetti e caratteristiche a dipendenza del caso.

Com'è possibile arrivare a quei livelli?

Ishvara: Trascurando sé stessi e i segnali premonitori.

Quali sono i segnali premonitori?

Ishvara: Sensazioni di forte e ingestibile disagio.

Come fanno a entrare in una persona?

Ishvara: S'impossessano del vostro corpo-mente.

In questo caso non siamo più padroni del nostro corpo-mente?

Ishvara: Essere servi della mente è la peggior schiavitù.

Che tipo di persone possono essere più soggette a queste possessioni?

Ishvara: I soggetti più sensibili e fragili.

Persone che non sono abbastanza protette?

Ishvara: Sì, per questo è importante avere degli strumenti di protezione.

Come un mantra, una preghiera oppure un talismano, ecc....?

Ishvara: Sì, fatene buon uso e non sottovalutate la loro efficacia.

Perché dovrebbero proteggerci se i nostri pensieri sono ancora pieni di paure e negatività?

Ishvara: La loro caratteristica è proprio quella di schermarvi dalla negatività.

Questi demoni si possono trasformare anche in una malattia?

Ishvara: Si possono manifestare in vari modi anche in quelli meno evidenti.

Questi demoni potrebbero anche uccidere?

Ishvara: Si può manifestare ogni forma di violenza.

Un demone si potrebbe vedere anche come un karma negativo?

Ishvara: Sì, metaforicamente.

Quando prendiamo delle sostanze stupefacenti siamo più vulnerabili e quindi potrebbero attaccarci più facilmente i demoni?

Ishvara: Ogni canale aperto aumenta la paura, la vulnerabilità dell'individuo e dei presenti.

Che cosa intenti per canali aperti?

Ishvara: Diventare sempre più ricettivi ad altre energie o mondi paralleli.

Come fare a sapere quali demoni abbiamo?

Ishvara: Attraverso la meditazione diventerete sempre più sensibili, ricettivi e consapevoli.

Osservando anche il nostro ambiente come uno specchio di noi stessi, ciò ci può aiutare a conoscerci meglio?

Ishvara: Certo, se sentite un forte e lungo disagio, questo è un indicatore.

Come comportarci poi per potercene liberare?

Ishvara: Meditate, pregate o usate dei talismani.

Quali talismani ci consigli?

Ishvara: Il mantra è il miglior talismano che vi ho donato.

Gli angeli sono l'opposto dei demoni?

Ishvara: Sì, entrambi sono parte della dualità manifesta.

Possiamo essere posseduti anche da un angelo?

Ishvara: Certo.

Che cosa succede in questo caso?

Ishvara: L'opposto dei demoni.

Fino a che punto dobbiamo nutrire i nostri demoni per tenerli a bada?

Ishvara: Lo sciamano, come l'esorcista, è uno psicopompo e quindi può nutrire e gestire i demoni a suo piacimento.

Se lo psicopompo smette di nutrire questi demoni cosa ci succede?

Ishvara: Smette di collaborare con loro.

A che cosa potrebbe servire collaborare con loro?

Ishvara: Ad esempio, per diventare dei bravi esorcisti o sciamani.

I demoni sono reali o sono metafore per spiegare impulsi energetici inconsci?

Ishvara: Sono forme pensiero che si condensano in vere e proprie entità oscure.

Entità oscure come veri mostri?

Ishvara: Sì, ma anche sotto forma di gravi malattie.

Tutto inizia dai nostri pensieri?

Ishvara: Sì, i pensieri danno forma alla manifestazione.

Siamo noi stessi a creare questi demoni con i nostri pensieri?

Ishvara: Sì, siete i creatori del vostro proprio universo.

Tutto ciò che ci circonda e che viviamo è stato creato semplicemente dal nostro pensiero? Non c'è nulla che non abbiamo creato noi?

Ishvara: Prima dovete esistere voi affinché tutto appaia.

E se noi non esistiamo, nulla esiste?

Ishvara: Non esistete come entità separata.

A questo punto, siamo tutto?

Ishvara: Esatto, siete non-forma.

Da dove vengono questi pensieri negativi?

Ishvara: Dalla memoria del passato.

Se non abbiamo risolto e lasciato indietro il passato non potremo avere un mondo migliore?

Ishvara: Sì, poiché ripetendo gli stessi schemi mentali, mantenete lo status quo.

E tutto ciò che stiamo vivendo in questo momento storico nel mondo succede perché l'abbiamo creato noi tutti quanti con i nostri pensieri negativi che sono tuttora connessi alla memoria del passato irrisolto?

Ishvara: Da qui la necessità di liberarvi dalla schiavitù del pensiero.

I demoni possono esserci anche utili?

Ishvara: Sì, se ne capite la trascendente l'illusorietà.

Nel senso che non esistono veramente perché li abbiamo creato noi con i pensieri negativi?

Ishvara: Sì, poiché sono anch'essi parte dell'illusione cosmica.

Possiamo imparare qualcosa dai demoni?

Ishvara: Anche loro vi indicano la necessità della liberazione.

Liberazione dei pensieri negativi?

Ishvara: Sì, in ultima analisi, di tutti i pensieri.

C'è un processo di manutenzione per lasciar andare questi demoni, purificarsi e proteggersi?

Ishvara: Preghiere, mantra e talismani sono gli strumenti di protezione migliori.

I demoni si nutrono di comportamenti, azioni o pensieri ossessivi?

Ishvara: Dai pensieri ossessivi nascono le entità oscure e i demoni.

Se cerchiamo di avere pensieri positivi questo può aiutarci a non far nascere delle entità oscure o demoni?

Ishvara: Sì, siate positivi e indirizzatevi verso la luce. Non illudetevi di essere protetti solo perché la vostra mente è in silenzio.

Se siamo nel silenzio della mente siamo connessi con la sorgente e l'Assoluto, non dovrebbe bastare per proteggerci dai demoni?

Ishvara: Sì, ma non siete stabilmente nel silenzio della mente quindi siete vulnerabili.

Quindi, meglio non abbassare mai la guardia?

Ishvara: Nel dubbio pregate e ripetete un mantra.

È durante la meditazione e i sogni che possiamo incontrare i nostri demoni e gestirli al meglio?

Ishvara: Sì, ma solo se siete in uno stato di piena consapevolezza.

Se non siamo in piena consapevolezza che cosa potrebbe succedere?

Ishvara: Ne diventerete schiavi.

Per diventare consapevoli dovremo essere già molto evoluti?

Ishvara: Consapevolezza è evoluzione.

Basta solo trasformare i demoni in angeli per sconfiggerli?

Ishvara: È un primo passo, il secondo è trascenderli entrambi.

Chi o che cosa rappresenta l'angelo caduto, Lucifero?

Ishvara: La vostra paura della morte.

Come superare questa paura che è praticamente in ognuno di noi?

Ishvara: Liberandovi dall'idea che ne avete.

Conoscere i propri nomi dei demoni può essere di aiuto nel poterli gestire?

Ishvara: In alcuni casi, la concettualizzazione di solito li rafforza.

Ma capire di cosa è fatto un determinato demone potrebbe aiutarci a fare luce e a liberarcene?

Ishvara: In alcuni casi è così, come nello sciamanismo.

E se li ignoriamo e non gli diamo importanza?

Ishvara: Sì, ma attenzione a non nasconderli sotto lo zerbino della mente credendo erroneamente di averli scacciati.

Oltre che con la meditazione, i mantra e i talismani, in quale altro modo possiamo gestirli meglio?
Ishvara: Svuotando completamente la mente.

È da quando siamo nati che ci hanno riempito la testa di concetti vari. Come possiamo svuotare la mente in poco tempo?
Ishvara: Diventando pienamente consapevoli di ogni pensiero così da lasciarlo andare oppure ripetendo un mantra.

Quanto possono essere pericolosi i demoni?
Ishvara: La loro malvagità è commisurata alla vostra capacità di gestirli.

Questo significa che, se saremo pienamente consapevoli e se saremo posseduti da un demone altamente pericoloso, potremo gestirlo?

Ishvara: Sì, la luce sempre trionfa sulle tenebre.

Non c'è demone che non riusciamo a sconfiggere?

Ishvara: Sì, se andrete verso la luce.

I demoni possono trasferirsi da un corpo all'altro?

Ishvara: È una loro peculiarità.

E questo può succedere anche alle persone che hanno gli stessi pensieri negativi?

Ishvara: Queste sono più soggette.

Un demone si può manifestare anche in un gruppo di persone che lo pensano nello stesso modo negativo come ad esempio nel caso dei satanisti?

Ishvara: Anche queste forme di devozione attirano entità oscure e fuorvianti.

Quando s'invoca un demone che cosa ci potrebbe accadere?
Ishvara: Potreste iniziare a tremare e avere paure varie.

É da questo che si capisce anche che abbiamo invocato un'entità oscura o demone?
Ishvara: Sì, una forte sensazione di disagio ne è un indicatore.

I satanisti non hanno paura?
Ishvara: Credono di non avere paura e di avere tutto sotto controllo, ma non è così.

Si mettono a rischio?

Ishvara: Certo, ogni cosa ha il suo prezzo.

Nei casi peggiori?

Ishvara: Malattie, incidenti, disgrazie, fino alla morte.

Si potrebbero fare delle cose malvagie, come ad esempio uccidere una persona attraverso l'invocazione di un demone al nostro servizio (magia nera)?

Ishvara: I satanisti usano i demoni per le cose più orrende.

Perché arrivano a fare cose così orribili?

Ishvara: Per gratificare il proprio ego.

E la loro smania di potere?

Ishvara: Sì, questo è l'ego.

Se una persona vulnerabile e sensibile non è protetta, i demoni possono entrare nel suo corpo-mente?

Ishvara: L'ingenuità e la vulnerabilità giocano a loro favore.

L'innocenza che si trova in ogni fanciullo e in alcuni adulti li potrebbe in un certo senso proteggere?

Ishvara: Sì, se per innocenza s'intende totale libertà dall'ego.

Una volta uscito da un corpo, come capita durante un esorcismo, la persona posseduta si è liberata ed è guarita?

Ishvara: Nella maggior parte dei casi l'entità non si ripresenta ma si trasferisce altrove.

La persona liberata dovrebbe anche aver lavorato sulle proprie ossessioni per non essere di nuovo soggetta di una possessione?

Ishvara: Sì, poiché il rischio che un'altra entità oscura la disturbi è alto.

L'entità non potrà mai essere uccisa e sconfitta?

Ishvara: No, fino a quando non sarà definitivamente dissolta nella luce divina.

È questo il lavoro che fa un esorcista e sciamano?

Ishvara: Non necessariamente, lo scopo principale è quello di liberare l'anima posseduta.

Se i familiari partecipano pregando per un posseduto, questo potrebbe avere ulteriore forza anche per il clan familiare oppure è troppo pericoloso?

Ishvara: È di aiuto innanzitutto alla persona posseduta, in tutti i casi è meglio lasciar fare agli esperti.

Si potrebbe lavorare anche con le costellazioni familiari?
Ishvara: Sì, a patto che si sia forti ed esperti.

È possibile sciogliere tutti i demoni in questa vita o ce ne saranno sempre un po'?
Ishvara: Ricordatevi che lavorate anche per gli altri, quindi, sempre ce ne saranno.

Accendere delle candele bianche o incensi, recitare dei mantra o preghiere ecc., è sempre da farsi?
Ishvara: Assolutamente da non sottovalutare.

Farlo in gruppo potrebbe essere più efficace?

Ishvara: Sì, ma spetterà allo sciamano decidere in base alla preparazione dei partecipanti.

Che cosa possiamo fare ancora per non attirare questi demoni?

Ishvara: Non nutrite pensieri negativi.

È possibile essere amico dei demoni?

Ishvara: Sì, ma non fatevi abbindolare perché vi chiederanno sempre qualche cosa in cambio.

Le persone che si comportano allo stesso modo dei demoni non sono quindi amici?

Ishvara: Statene alla larga.

È possibile, con l'amore, convertire un demone al cammino spirituale?

Ishvara: Solo se è consentito karmicamente.

Uccidere un demone vuol dire mandarlo nella luce?

Ishvara: La luce dell'amore lo dissolve.

Tutta questa mitologia sui demoni che vengono uccisi sono metafore per spiegare che è l'amore divino che li dissolve?

Ishvara: Mandarli nella luce e nell'amore divino li libera.

Tu come tratti i demoni?

Ishvara: Come dei burattini.

Per noi comuni mortali è possibile trattarli come burattini?

Ishvara: Solo quando sarete totalmente disidentificati con il vostro corpo-mente.

Non dovremmo mai avere paura di loro, altrimenti saremo noi i loro burattini?

Ishvara: Esatto, sappiate che esistono, ma non alimentateli in alcun modo.

Dovremmo poter non solo conoscere i nostri angeli, ma anche i nostri demoni, come fa uno sciamano?

Ishvara: Essere consapevoli della dualità della vita è saggezza liberatoria.

Una volta conseguita questa liberazione, che cosa succede?

Ishvara: Sarete dei liberati in vita, allora niente e nessuno potrà più disturbare la vostra pace interiore.

La visione olistica

Che cosa intendi per visione olistica?

Ishvara: Scopritelo da soli e lo sperimenterete.

Ci possono essere tante visioni olistiche o solo una?

Ishvara: Olistica è una sola, diverse sono personali e individuali.

È possibile che un individuo abbia una visione olistica?

Ishvara: Sì, se osserva oltre la frammentazione del pensiero.

A cosa serve la visione olistica?

Ishvara: A essere più sensibili e intelligenti.

Il conseguimento della visione olistica richiede uno stato di consapevolezza?

Ishvara: È uno stato di piena consapevolezza non offuscata dal pensiero.

La visione olistica indica la capacità di osservare senza interpretare?
Ishvara: Sì, il rimanere nell'osservazione senza che il pensiero la interpreti.

Come smettere di frammentare ciò che si osserva a livello inconscio?
Ishvara: La meditazione vi aiuta a stabilizzarvi nella mente silenziosa.

Stare nel qui e ora ci aiuta ad aprirci verso la visione olistica?
Ishvara: Sì, poiché quando siete catturati dai pensieri siete nel tempo e quindi perdete il qui e ora.

È possibile osservare il presente dal momento che la luce ha una velocità temporale?

Ishvara: Il pensiero è tempo psicologico, quello dell'orologio è cronologico.

Qual è la differenza tra il tempo psicologico e quello cronologico?

Ishvara: Il primo è memoria, il secondo è il tempo dell'orologio che scorre.

Essere nel presente vuol dire essere liberi dal tempo psicologico e non liberi dal tempo cronologico?

Ishvara: Sì, essere nell'eterno qui e ora.

Il multitasking sembrerebbe una visione olistica ma, come lo intendi tu, dovremmo mettere l'attenzione su una cosa sola e fare una cosa alla volta per avere una visione olistica?

Ishvara: Se osservate dal centro in cui tutto è immobile allora ciò che fate è armonioso.

Il centro è concentrazione oppure osservare senza un centro?

Ishvara: La piena consapevolezza osserva senza un io che osserva.

Osserviamo dall'osservatore inosservato?

Ishvara: Anche l'osservatore inosservato è testimoniato.

Una visione dal generale al particolare o viceversa, come si usa nella scienza, è sempre una visione limitata?

Ishvara: Trascendere la dualità vi porta serenità nella mente e pace nel cuore.

Avere una visione olistica ci aiuta ad essere più tolleranti?

Ishvara: Sì, poiché siete oltre i pregiudizi.

L'eterno qui e ora è parte del tempo cronologico o/e oltre il tempo cronologico?

Ishvara: Lo integra e lo trascende.

C'è una consapevolezza della non-forma?

Ishvara: Sì, ad esempio quando vi trovate nel sonno senza sogni, ovvero, quando siete totalmente assenti a voi stessi.

Si può essere in questo stato anche da svegli?

Ishvara: Sì, poiché questo stato non viene e non va, è sempre presente.

Si può essere in questo stato solo nell'esperienza mistica o non necessariamente?

Ishvara: Qualsiasi stato di estasi mistica è transitorio.

Che cos'è mistico?

Ishvara: L'Eterno.

Che cos'è l'estasi mistica?

Ishvara: Uno stato transitorio di gioia infinita e immotivata.

Che cos'è uno stato motivato?

Ishvara: Che ha un motivo d'essere.

Vivere un'estasi mistica attraverso le sostanze stupefacenti è sempre lontana dall'eternità?

Ishvara: Ogni tipo di esperienza è transitoria, è il non attaccamento che vi libera.

Se i fatti sono esperienze allora sono anche transitori?
Ishvara: Ogni esperienza o fatto sono transitori perché avvengono nel tempo.

C'è un'utilità nel vivere delle esperienze mistiche?
Ishvara: Ogni barlume del divino vi riporta alla sorgente e quindi vi è utile.

Anche con le droghe?
Ishvara: Sono espansioni di coscienza che vi possono aiutare ma non liberare definitivamente.

Bisognerebbe liberarsi definitivamente da queste sostanze per arrivare alla sorgente?

Ishvara: Liberatevi dall'identificazione con il corpo-mente e non avrete più bisogno di altre esperienze.

Un'esperienza mistica può liberarci dall'identificazione con il corpo-mente?

Ishvara: Un barlume del divino rimarrà nel vostro cuore e lasciate che questo fiorisca nell'immensità del vostro essere.

Che relazione c'è tra le tue materializzazioni e la visione olistica?

Ishvara: Sono un invito ad andare oltre il vostro corpo-mente per sperimentare l'incommensurabile gioia dell'estasi divina.

Avere una visione olistica è saper andare oltre il corpo-mente e il qui e ora?

Ishvara: È la capacità di vedere e percepire a 360 gradi.

Che cosa intendi per 360 gradi?

Ishvara: Oltre i limiti e i pregiudizi della mente.

Qual è la differenza tra una visione olistica e integrale?

Ishvara: Nessuna.

Messaggio finale di Ishvara: Stabilitevi sempre più nel silenzio della mente e la vita vi pervaderà di gioia.

Dal piccolo io alla coscienza

Chi siamo veramente?

Ishvara: Siete pura e illimitata coscienza.

Il piccolo io, che è il soggetto, osserva la coscienza, che è l'oggetto dell'osservazione?

Ishvara: Chi o che cosa testimonia entrambi, se non la pura coscienza?

Il piccolo io ha come punto di riferimento il corpo-mente, la pura coscienza cosa ha come punto di riferimento?

Ishvara: La non-forma.

La coscienza e l'Assoluto sono la consapevolezza?

Ishvara: Tutto è coscienza.

Se tutto è coscienza, l'Assoluto cos'è?

Ishvara: Coscienza.

La pura coscienza può afferrare la non-forma?
Ishvara: Sì, e la trascende.

Vivendo l'esperienza in un corpo, come vivere l'identificazione con la non-forma?
Ishvara: Pensate allo stato di sonno senza sogni.

L'io potrà mai capire o conoscere la coscienza?
Ishvara: L'io è coscienza individualizzata in un corpo-mente.

È possibile non essere?
Ishvara: Siete nella non-forma quando c'è disidentificazione dal corpo-mente.

L'io è l'identificazione con il corpo-mente, la coscienza lo disidentifica?

Ishvara: La coscienza è sempre disidentificata, è il piccolo io che erroneamente si crede solo un corpo-mente.

Come crescere dal piccolo io alla coscienza?

Ishvara: Non c'è alcun processo di crescita, la piena consapevolezza dissolve l'ignoranza.

Qual è la domanda più elevata che si possa fare a un maestro come te?

Ishvara: Il silenzio è l'eccellenza.

Ishvara: Lasciate che l'io si bruci sull'altare della consapevolezza.

L'uomo nuovo

Che cosa significa essere ricchi in modo compatibile con il nostro futuro?

Ishvara: Coltivare la ricchezza interiore.

Come sarà l'uomo nuovo del futuro?

Ishvara: Più consapevole di sé stesso.

Dopo aver abitato la terra per circa 200'000 anni, la nostra specie, l'Homo Sapiens, vive oggi una fase cruciale, in cui si decide il suo futuro. Come sarà il suo futuro?

Ishvara: Se non cambierà radicalmente, ripeterà gli stessi schemi.

L'umanità teme da un lato il rischio di precipitare nell'abisso delle sue contraddizioni, mentre dall'altra scorge l'opportunità di spiccare il volo verso un nuovo livello della sua evoluzione. Come può propendere verso la seconda possibilità?

Ishvara: Divenendo più rispettosa dell'umanità e di tutto il creato.

Sapere (o intuire) di vivere in un'epoca storica tanto cruciale, può generare in noi un senso di incertezza. È ciò che provano moltissime persone, tanto è vero che nelle cosiddette società avanzate contemporanee si registra un incremento eccezionale dei disturbi legati all'ansia e alla depressione. Perché siamo più fragili dei nostri avi?

Ishvara: Perché vivete in un mondo più complesso.

Siamo cresciuti in questo mondo complesso eppure non riusciamo a conviverci in armonia. Come mai?

Ishvara: Perché avete perso la capacità di trovare soluzioni semplici.

Come trovare di nuovo soluzioni semplici?

Ishvara: Conoscendo voi stessi.

Anche noi stessi siamo molto complessi. Non sembra facile conoscere noi stessi e trovare soluzioni semplici?

Ishvara: Imparate a meditare e stare soli, così, dal silenzio della mente, sorgeranno soluzioni semplici.

Di fronte alle questioni globali che minacciano il nostro futuro, ti chiediamo per quale motivo, nonostante l'impressionante evoluzione scientifica e tecnologica conseguita dall'umanità, sembri impossibile trovare soluzioni e rimedi di cui abbiamo tanto bisogno? È come se l'umanità fosse incagliata nelle sue antiche incoerenze di fronte a problemi moderni.

Ishvara: Ci vuole una mente intelligente, sensibile, semplice e diretta per trovare soluzioni a problemi complessi.

Come facciamo ad avere una mente così?
Ishvara: Attraverso l'autoconoscenza si perviene a una sempre maggiore sensibilità che è intelligenza.

Ogni creatura sul nostro pianeta si evolve, l'essere umano lo fa con particolare efficienza, perché il suo divenire non è soltanto di carattere fisiologico, ma anche cognitivo, culturale, sociale, ecc. L'uomo, una volta raggiunto un certo livello evolutivo, può decidere consapevolmente di progredire ulteriormente. Eppure sembriamo regredire, come mai?
Ishvara: In verità, l'evoluzione va avanti, anche se a volte può sembrare che regredisca.

Questo significa che di base non c'è mai un andare indietro anche se ripetiamo gli stessi schemi?

Ishvara: Evolvere significa lo scorrere del tempo.

Che contributo possiamo dare per un futuro migliore?

Ishvara: Amatevi e questo è il più grande contributo.

Ogni individuo, una volta raggiunto un certo livello evolutivo, può decidere consapevolmente di andare oltre, di crescere ulteriormente. Per risolvere i grandi problemi attuali occorre passare a un altro livello. Ma come passare a un livello superiore oltre ad amarci l'un l'altro?

Ishvara: Non potete passare a un livello superiore se prima non imparerete ad amarvi.

In questo livello in cui ci troviamo attualmente, siamo assolutamente chiamati a imparare ad amare qualsiasi forma bella e brutta per finalmente poterci evolvere e andare verso un futuro migliore e più armonioso?

Ishvara: Sì, e per amarvi dovete sentirvi uniti e non più separati.

Contrariamente a quanto siamo abituati a pensare, la via non passa attraverso un nuovo approccio verso la vita che rinneghi e rimpiazzi quelli precedenti, come finora è avvenuto all'emergere di ogni nuova fase della storia umana. Ciò che ci aiuterà è un nuovo modo di vedere la realtà, una visione integrale, olistica. La visione integrale afferma che in ogni punto di vista possibile è contenuta una porzione di verità. Occorre includere all'interno della nostra, ogni altra prospettiva, ogni altro modo di vedere il mondo?

Ishvara: Essere consapevoli dei limiti della vostra mente vi libera da essi e vi apre a nuove prospettive.

É a questo punto che la nostra visione può diventare olistica o integrale?

Ishvara: Sì, poiché è allora che saprete osservare senza pensiero, con una mente sensibile, silenziosa, sveglia, intelligente, altamente percettiva e intuitiva.

A noi, uomini del XXI secolo, può sembrare normale confidare nel potere della nostra intelligenza logico-razionale, ma all'epoca passare da una mentalità basata sulla fede a una fondata sulla ragione rappresentò un salto evolutivo gigantesco. Se prima la coscienza degli uomini disponeva di una piccola finestra da cui guardare la realtà, ora quella finestra è stata allargata ma è ancora compatibile con l'uomo nuovo?

Ishvara: Ora avete capito che anche la ragione ha i suoi limiti e che va superata affinché l'amore universale possa fiorire.

Come compiere un'evoluzione consapevole?
Ishvara: Innanzitutto, divenendo sempre più consapevoli di voi stessi.

Come mai non è la religione a salvare l'uomo ma la consapevolezza di Sé?
Ishvara: Perché attraverso la consapevolezza di Sé si perviene all'unione, che è la vera religione, e che è amore.

L'uomo nuovo di cui parli è l'uomo che ha capito, l'uomo che si è riappropriato della sua umanità e per questo solo fatto è disponibile al dono in quanto è disponibile all'altro, attento agli altrui bisogni, esigenze e necessità?

Ishvara: Sì, è l'uomo che sceglierà sempre la soluzione più generosa per gli altri.

La società che ci siamo cuciti addosso è una società basata sull'individualismo e della quale non possiamo di certo andare fieri?

Ishvara: L'individualismo vi ha separati e allontanati.

L'uomo nuovo è chiamato a liberarsi dalle incrostazioni egoistiche che ha lasciato lentamente formarsi sul suo animo in quanto, durante il lento fluire del tempo, ha perso di vista la solidità e la pienezza dell'essere per inseguire la fugacità vana ed illusoria dell'apparire. L'uomo nuovo sarà, quindi, l'uomo consapevole che la sua vita è un dono?

Ishvara: Sì, e grazie a questo sarà pronto a donare e a donarsi.

Che cosa intendi per donare e donarsi?

Ishvara: Decidere per la soluzione più generosa per gli altri.

L'uomo nuovo si relazionerà finalmente con gli extraterrestri?

Ishvara: Solo quando avrà imparato a relazionare con maggior rispetto verso i propri simili.

Il surriscaldamento terrestre, l'inquinamento ambientale, il Covid 19 e ora la guerra in Ucraina sembrano i risultati di un atteggiamento di un uomo consumatore e superficiale. Come sarà allora questo uomo nuovo?

Ishvara: Generoso e altruista.

L'uomo nuovo potrà rimediare a questo disastro terrestre?

Ishvara: Questa sarà la grande sfida per l'uomo nuovo.

Dobbiamo ritornare alla natura?

Ishvara: Imparate ad amarla e a proteggerla.

Che rapporto avrà l'uomo nuovo con gli animali?

Ishvara: Non avrà più bisogno di ucciderli né maltrattarli.

Com'è possibile?

Ishvara: Con l'amore, che è sensibilità e rispetto.

Come integrare le nuove tecnologie senza creare ulteriori danni all'ambiente?

Ishvara: Sviluppando tecnologie appropriate.

Come creare energia naturale per tutti e gratis?

Ishvara: Gli scienziati troveranno le soluzioni più adeguate.

Come costruire insieme una nuova società compatibile con un futuro più tecnologico?

Ishvara: Rispettando tutto e tutti.

Come dovrebbe essere una comunità nel Nuovo Mondo?

Ishvara: Dovrebbe essere un esempio di amore, tolleranza e rispetto.

Come costruire una comunità fisica o più comunità autosufficienti e sostenibili collegate tra di loro, in cui si possa evolvere ed esprimersi liberamente, aprendosi alla vita con gioia oppure dare gli strumenti affinché si possa costruire una comunità autosufficiente?

Ishvara: Sviluppando l'amore, il rispetto e la generosità.

Come creare nel Nuovo Mondo una comunità di ricercatori spirituali senza sembrare una setta?

Ishvara: Se non ci sarà chiusura ma amore, rispetto, tolleranza e libertà, allora non potrà essere considerata una setta.

Le comunità nel Nuovo Mondo

Come sarà il Nuovo Mondo?

Ishvara: Un mondo dove gli esseri umani sappiano vivere in pace e armonia.

Come dovrebbe essere una comunità del Nuovo Mondo?

Ishvara: Una comunità che coltivi l'amore per il prossimo.

Se creiamo una comunità nel Nuovo Mondo, ciò non porterebbe più stress che pace interiore?

Ishvara: Distribuendo le responsabilità e i compiti, risolverete tutti i problemi.

Per fare questo non ci vorrebbero però persone responsabili che di base non sono al momento disponibili?

Ishvara: Queste arriveranno e conquisteranno la vostra fiducia.

Sono anche queste paure dello stress e delle responsabilità che frenano la nascita del centro?
Ishvara: La paura delle responsabilità è sicuramente frenante.

E come gestire questa paura?
Ishvara: Iniziate dalla vostra quotidianità.

Ed è anche per questo che ognuno fa le cose per conto proprio, per non avere troppe responsabilità e problemi?
Ishvara: È proprio così che imparate a gestire le responsabilità, partendo da quelle individuali.

Come si fa a mantenere la calma o un senso di pace profondo durante le giornate ricche d'impegni?

Ishvara: Più sarete ancorati al qui e ora e meno vi lascerete coinvolgere.

Come possiamo rimanere ancorati al qui e ora quando i movimenti esterni sono molti?

Ishvara: Fate uno stop, ricentratevi e semmai ripetete un mantra.

Fare un corso di gestione del tempo potrebbe essere utile nel gestire tutti gli impegni in modo più sereno e con meno stress?

Ishvara: È una scelta individuale a voi non necessaria.

Quale altro ostacolo c'è per la creazione del centro?

Ishvara: Il fattore finanziario.

E come lo possiamo risolvere?

Ishvara: Attendendo le laute donazioni.

E perché mai qualcuno dovrebbe fare delle donazioni a noi per creare un centro e una comunità?

Ishvara: Per l'interessamento al vostro valido progetto.

Che cosa c'è di così valido in questo nostro progetto?

Ishvara: La libertà, la comprensione, il rispetto e l'amore.

È importante che chiunque voglia far parte del centro sia finanziariamente indipendente?

Ishvara: Non necessariamente, basterebbe la forza lavoro.

Che rapporto dovremmo avere noi con i soldi?

Ishvara: Usateli in modo generoso per il bene di tutti.

Che atteggiamento dovremmo avere verso i donatori?
Ishvara: Di rispetto ma anche di responsabilizzazione verso il progetto.

Come dovremmo gestire le donazioni?
Ishvara: Ci saranno delle persone designate responsabili della loro gestione.

A che cosa servono principalmente le donazioni?
Ishvara: A sostenere tutte le attività della comunità.

Quali sono le attività principali?
Ishvara: Quelle che concernono la crescita spirituale e personale.

É meglio creare un'associazione o una fondazione?

Ishvara: Fondazione.

Che cosa si aspetto da noi un donatore?

Ishvara: Lealtà e competenza.

Il donatore dovrebbe approfondire gli insegnamenti di Ishvara o basta semplicemente che sia interessato e aperto al progetto?

Ishvara: Sarà certamente interessato a entrambi.

Quale forza lavoro servirebbe ora per iniziare un centro anche senza avere il denaro?

Ishvara: Seva, ovvero, basterebbe il servizio disinteressato.

Le persone che faranno parte della comunità dovrebbero saper gestire i propri soldi?

Ishvara: Sì.

E non dovrebbe avere debiti?

Ishvara: Si valuterà caso per caso.

Creando una comunità nascerà anche il problema del gossip, perché?

Ishvara: Perché nasceranno anche malintesi.

Come evitarlo?

Ishvara: Evitando di parlare in modo pregiudizievole.

Come gestire il problema del gossip all'interno della comunità?

Ishvara: Con degli incontri regolari di chiarificazione.

Intendi degli incontri di mediazione?

Ishvara: Sì, va fatta subito chiarezza.

E se le persone continuano a nascondersi dietro le loro bugie ed ego?

Ishvara: Mettere dei termini sarà, in questi casi, necessario.

Termini in che senso?

Ishvara: Tempo entro il quale la persona potrà dimostrare i propri miglioramenti.

Come far cadere le maschere?

Ishvara: Essendo il più autentici possibile ma sempre rispettosi.

Quali persone dovrebbero assolutamente essere scartate nel creare la comunità/centro?

Ishvara: Coloro che non vogliono in alcun modo migliorare.

Che cosa abbiamo invece già che potenzialmente è buono per iniziare la comunità/centro?
Ishvara: Il luogo di partenza.

Intendi la casa ad Arcegno?
Ishvara: Sì, dove risiedete tuttora.

Partendo da questo luogo di partenza come dobbiamo muoverci?
Ishvara: Ognuno assumendosi le proprie responsabilità individuali.

In che modo possiamo integrare o intrecciare le nostre responsabilità individuali per creare concretamente la comunità nel Nuovo Mondo?

Ishvara: La progettazione comune avverrà di volta in volta.

E quale potrebbe essere il prossimo passo?
Ishvara: Per ora non c'è alcun passo da intraprendere.

Trovare una sala in comune in affitto per le nostre attività e incontri potrebbe essere un passo?
Ishvara: No.

Creare una pagina nel nostro sito potrebbe essere un'idea per trovare dei fondi/donazioni per poter costruire una comunità del Nuovo Mondo?
Ishvara: No.

Che altro potremmo fare per attirare delle donazioni?
Ishvara: Non nutrire alcuna aspettativa al riguardo.

Un problema che potrebbe nascere nella comunità potrebbe essere la sessualità. Come gestirla?

Ishvara: Con il rispetto reciproco.

È possibile amare sessualmente più partner senza che vengano creati problemi?

Ishvara: Sì, se c'è la consensualità.

Dopo l'atto sessuale, quali sono le conseguenze a qui dobbiamo prestare maggiore attenzione?

Ishvara: Gravidanze indesiderate, malattie e aspettative.

Queste creerebbero ulteriori problemi?

Ishvara: Saranno più difficili da gestire.

Se si ha un rapporto sessuale con un partner è possibile che il karma dell'altro passi anche a noi?

Ishvara: Più le aspettative sono disattese e più viene creato karma.

Che cosa succede a livello karmico durante un atto sessuale con uno o più partner?

Ishvara: Il karma di entrambi si mischia e si complica.

In che senso si complica?

Ishvara: Le complicazioni nascono dal fatto che non potete sapere per certo le vostre reazioni future.

Se tutto si complica, allora è meglio non fare sesso?

Ishvara: In ogni caso, è sempre meglio essere ben chiari sin dall'inizio.

Come scegliere il partner ideale che non complichi la vita e che sia interessato a una comunità nel Nuovo Mondo?

Ishvara: Nutrendo il più possibile gli stessi interessi.

Scegliere qualcuno che abbia gli stessi interessi e lo stesso cammino spirituale potrebbe essere più propizio per una lunga durata insieme?

Ishvara: Il cammino spirituale in comune rafforza l'unione.

Che cosa non dovrebbe mai mancare in una relazione di coppia?

Ishvara: La comunicazione e il rispetto.

E ciò su che cosa si basa?

Ishvara: Sulla capacità e disponibilità a conoscere sé stessi.

Spesso, quando ci si accoppia, viene a mancare una certa libertà. Che cosa consigli in questo caso?

Ishvara: Parlatene e trovate insieme delle soluzioni.

E se uno dei due vuole imporre la propria volontà, che cosa ci consigli?

Ishvara: A questo punto la relazione è finita.

Che cosa fa fiorire una relazione oltre all'amore?

Ishvara: La capacità di comunicare e il rispetto reciproco.

E queste sono delle qualità che sono importanti anche per le comunità del Nuovo Mondo?

Ishvara: Sono assolutamente indispensabili.

Si dice che una buona intesa sessuale garantisca almeno il 50% di una buona relazione di coppia. Il buon sesso è davvero importante per avere una buona relazione?

Ishvara: No, poiché con il tempo il sesso si affievolisce e dunque esso non è una buona garanzia.

E che cosa potrebbe essere una buona garanzia?

Ishvara: Una comunicazione matura, costruttiva e rispettosa.

Essere già accoppiati in modo armonioso e responsabile può essere un valore aggiunto per la comunità del Nuovo Mondo?

Ishvara: È sicuramente di buon auspicio.

In che cosa si caratterizza ad esempio l'attuale comunità ad Arcegno?

Ishvara: Nella capacità di gestione delle proprie risorse.

Quale sono le nostre risorse attuali?

Ishvara: La capacità di relazionare in modo costruttivo e di trovare delle soluzioni semplici.

Che cosa potremmo fare con le nostre risorse, per concretizzare ulteriormente la comunità per il Nuovo Mondo?

Ishvara: Continuate a lavorare su voi stessi.

Il primo progetto di costruzione della comunità è ancora attuale?

Ishvara: No.

E come dovrebbe essere il nuovo progetto?

Ishvara: Prima dovreste consolidarvi come gruppo.

Che cosa distingue la nostra Nuova comunità da quelle vecchie?

Ishvara: Una maggiore libertà di movimento e un'autodeterminazione individuale più responsabile.

Esistono già delle comunità come questa?
Ishvara: No.

Che cosa dobbiamo ancora sapere della comunità del Nuovo Mondo?
Ishvara: A questo punto non vi rimane che farvi piacevolmente sorprendere dagli eventi futuri.

Biografia

Dawio Bordoli

Insegnante di Yoga sciamanico, musicoterapista, suona bhajan/kirtan da oltre 20 anni, costellatore immaginale, master Reiki, channelor e autore di 19 libri sulla crescita personale e spirituale.

Maria Theresia Bitterli

Master of Art in Counseling relazionale e counselor immaginale diplomata, bachelor in scienza della comunicazione, drammaterapista diplomata, arteterapista, master Reiki, naturopata, costellatrice immaginale, channelor, insegnante di yoga diplomata (AuyrYoga, Yesudian, Yin Yoga, Yoga restorativo, Yoga sciamanico, Kundalini Yoga e Yoga terapeutico), astrologa, cartomante (Lenormand, tarocchi e angeli) e autrice di 31 libri sulla crescita personale e spirituale.

ISHVARA

Ishvara è un Essere infinito, universale e impersonale, l'Assoluto, il Sé, il silenzio, l'eternità. È l'Assoluto ma anche la sua manifestazione. Infinite vite ha vissuto, vive, e vivrà, come tutte le onde dell'oceano. Come oceano non è separato dalle infinite onde. Non è separato da noi. È immanenza e trascendenza nel medesimo istante. Essere che conosce solo luce, solo unione, non conosce un voi e un noi, un io e un tu.

In questa manifestazione, una delle infinite, ci ricorda la via dell'essenza, la via della chiarezza diretta, che mira sempre dritta alla sorgente, la via che invita a realizzare quello spazio che precede la mente, quello spazio di silenzio, quello spazio senza spazio e tempo, di amore, unione, pienezza e pace infinita. Invita tutte le onde a realizzare di essere sempre state realizzate, di essere sempre state l'oceano, l'Assoluto, l'infinita pura coscienza universale e impersonale.

Ishvara ha contattato per la prima volta Therry e Dawio il 29 giugno 2017 alle ore 16.00 per dare degli insegnamenti a coloro che glieli richiederanno. Tutti i suoi insegnamenti sono stati pubblicati. Dal 25 luglio 2015 Therry e Dawio stanno vivendo continuamente diverse benedizioni e miracoli di ogni genere come ad esempio materializzazioni di Vibhuti, Amrita, Lingam, anello, statue, pietre, ecc...

LIBERTÀ - LUCE - AMORE